Inhalt

Branchenreport MASCHINEN- UND ANLAGENBAU Ausgabe 2/2011

GENIOS BranchenWissen Nr. 11 vom 29.11.2011

Branchenreport MASCHINEN- UND ANLAGENBAU Ausgabe 2/2011

Robert Reuter

Kernthesen

- Der deutsche Maschinenbau führt seinen 2010 eingeschlagenen Erholungskurs fort.
- Auslastung und Auftragspolster reichen wieder an das letzte Rekordjahr 2008 heran.
- Werden im nächsten Jahr vier Prozent Produktionswachstum erreicht, könnte eine neue Rekordmarke aufgestellt werden.
- Besonders gut läuft das Geschäft in den Teilsparten Antriebstechnik und Werkzeugmaschinenbau. Noch Luft nach oben haben die Hersteller von

Baumaschinen.

Beitrag

Der deutsche Maschinen- und Anlagenbau

Die deutschen Maschinenhersteller haben nach den Einbrüchen 2009 bereits im letzten Jahr eine rasante Aufholjagd hingelegt. In diesem Jahr fallen die Zuwächse ebenso eindrucksvoll aus. In den ersten acht Monaten 2011 stieg die Produktion von Maschinen und Anlagen im Vergleich zum Vorjahr um 16,7 Prozent. Die Kapazitäts-Auslastung liegt aktuell bei 89,9 Prozent und damit an der Grenze des Machbaren. Die Auftragsreichweite stieg im Juli auf 5,8 Monate im Durchschnitt der Branche. In den Monaten Juni bis August erzielten die Hersteller ein Plus von acht Prozent im Vorjahresvergleich. Gute Zahlen präsentieren auch die Hersteller in den neuen Bundesländern. Sie werden 2011 eine durchschnittliche Auslastung von sogar 93 Prozent erzielen.

2010 hatten die deutschen Maschinenexporteure ihre Ausfuhren um 12,5 Prozent auf 124,8 Milliarden Euro gesteigert und damit einen Weltmarktanteil von 16,8

Prozent erreicht. Damit lagen die deutschen Unternehmen an der Weltspitze, gefolgt von Japan mit 12,1 Prozent, den USA mit 12,0 Prozent und China mit 9,7 Prozent.

Für das nächste Jahr rechnet die Branche mit einer Wachstumsverlangsamung. Anvisiert ist Produktionsplus von vier Prozent. Tritt diese Prognose ein, würden die deutschen Hersteller eine Maschinenproduktion von 198 Milliarden Euro erreichen und damit den Rekordwert des Jahres 2008, der bei 197 Milliarden Euro lag, erstmals übertreffen.

Die gute Situation des deutschen Maschinenbaus wird sich auf die Beschäftigung deutlich auswirken. Der Verband Deutscher Maschinen- und Anlagenbau (VDMA) prognostiziert für 2011 einen Beschäftigungszuwachs um 30 000 Mitarbeiter. Alleine im August hatten die Unternehmen 9 000 Stellen neu besetzt. Seit Jahresanfang stieg die Zahl der Festangestellten damit auf 938 000 Mitarbeiter. Sorgen bereitet der Branche der Fachkräftemangel. Derzeit sind 17 000 Stellen unbesetzt. (1), (2), (3)

Unternehmen im Markt

Der deutsche Maschinenbau ist eine heterogen aufgestellte Branche mit vielen kleineren Herstellern. Mehr als drei Viertel der Firmen beschäftigen nicht einmal 250 Mitarbeiter, sind in ihrem Marktsegment aber dennoch häufig Weltmarktführer. Größter deutscher Maschinenbauer ist ThyssenKrupp mit einem Umsatz von 43 Milliarden Euro im vergangenen Jahr. Zu den Großkonzernen im Maschinenbau zählen auch Voith mit einem Umsatz von über fünf Milliarden Euro und die Gea Group mit 4,4 Milliarden Euro. Größter Anlagenbauer ist die Linde AG. Weltmarktführter im Druckmaschinenbau ist die Heidelberger Druck, die im Geschäftsjahr 2010/2011 einen Umsatz von rund 2,6 Milliarden Euro aufwies und damit nach einem deutlichen Rückgang in den letzten fünf Jahr erstmals wieder etwas zulegen konnte. Deutsche Vorzeigeunternehmen im Bereich Werkzeugmaschinenbau sind die Trumpf GmbH mit über zwei Milliarden Euro Umsatz und die Gildemeister AG mit 1,38 Milliarden Euro. (13)

Export: Zweistellige Zuwachsraten

In den ersten drei Quartalen dieses Jahres haben die deutschen Maschinenhersteller um 16,1 Prozent mehr Maschinen exportiert als im Vorjahreszeitraum. Dies ergibt einen Exportwert von 105,3 Milliarden Euro, nach 90,7 Milliarden Euro im Jahresvergleich mit 2010. Großen Anteil an diesem Zuwachs hatte der chinesische Markt, der um 31,6 Prozent wuchs. Der russische Markt wuchs um 36,8 und verdrängte die italienischen Abnehmer von Platz vier. Deutlich gesteigert wurden die Exporte auch in die Türkei (plus 33,9 Prozent) und in den zweitwichtigsten Absatzmarkt des deutschen Maschinenbaus, die USA (plus 21,2 Prozent). Alleine im ersten Quartal dieses Jahres wurden Maschinen im Wert von 33 Milliarden Euro ins Ausland verkauft. Im gleichen Quartal 2010 waren es Maschinen für 27,3 Milliarden Euro.

Wachstumsstärkster Einzelmarkt ist auch 2011 die Volksrepublik China. Im ersten Quartal 2011 übertrafen die Exporte den Vorjahreszeitraum um stattliche 55,2 Prozent. Alleine in China wurden in den ersten drei Monaten dieses Jahres 4,6 Milliarden Euro erlöst. In den ersten drei Quartalen waren es gut 14 Milliarden Euro. China ist jedoch nicht nur der wichtigste Absatzmarkt für die deutschen Hersteller, sondern ein zugleich ein immer stärker werdender Wettbewerber. So ist der Produktionswert der chinesischen Hersteller 2010 um 35,1 Prozent auf 20,9 Milliarden US-Dollar angewachsen. Mit den deutschen Zahlen kann sich China damit noch nicht messen, doch holt das Land mit großen Schritten auf. Besonders eindrucksvoll bleiben die Importzahlen Chinas. Nach Angaben des dortigen Branchenverbandes wurden im vergangenen Jahr fast fünfzig Prozent aller weltweit produzierten Maschinen nach China verkauft. Der Wert der Einfuhren wuchs gegenüber 2009 um 62 Prozent auf

15,72 Milliarden US-Dollar. [Abb. 1]

Die Exportzuwächse in die Eurozone und in die 27 Länder der Europäischen Union lagen im Durchschnitt unter dem Gesamtwachstum, wodurch sich der Anteil des EU-Marktes am deutschen Maschinenexport auf jetzt 40,2 Prozent verringert hat. 2008 lag der Anteil noch bei 46,7 Prozent. (4), (5), (6), (7), (9)

Binnennachfrage: Wachsende Dynamik

Der Maschinenbau ist traditionell stark exportorientiert, doch holt die Binnennachfrage in diesem Jahr deutlich auf. So verteilten sich die Zuwächse im ersten Halbjahr dieses Jahr fast gleichwertig auf Exporte und Binnenverkäufe. Die Auslandsorders nahmen zwischen Januar und Juli um 21 Prozent, die Inlandsorders um 19 Prozent zu. (8)

Ausgewählte Sparten des Maschinenbaus

Antriebs- und Fluidtechnik

Die deutsche Antriebs- und Fluidtechnik hat 2010

einen rasanten Aufschwung verzeichnet, der sich in diesem Jahr fortsetzen wird. Im vergangenen Jahr wuchs die Teilsparte um elf Prozent auf einen Umsatz von 13,6 Milliarden Euro an, in diesem Jahr werden es Schätzungen zufolge 14 Prozent sein. Der enorme Umsatzrückgang des Jahres 2009, als die Antriebstechnik um 27 Prozent schrumpfte, ist damit jedoch immer noch nicht wettgemacht. Die Fluidtechnik legt dabei das deutlich höhere Tempo vor als die Antriebstechnik. Hydraulik- und Pneumatik-Anbieter werden ihre Umsätze in diesem Jahr voraussichtlich um 21 Prozent steigern, so der VDMA. (11), (12), [Abb. 2]

Werkzeugmaschinenbau

Ein Produktionsplus von rund dreißig Prozent streben die Werkzeugmaschinenbauer in diesem Jahr an. Noch eindrucksvoller sieht es bei den Aufträgen aus. Diese stiegen in den ersten sieben Monaten dieses Jahres um 91 Prozent, was auf der anderen Seite noch einmal zeigt, wie sehr die Teilbranche im letzten Jahr von der Krise in Mitleidenschaft gezogen wurde. Der Auftragsbestand reicht damit für fast zehn Monate, was ebenfalls einen Rekordwert darstellt. Ein besonderes starkes Plus verzeichneten die deutschen Hersteller beim Export in die USA. Die Ausfuhren über den großen Teich legten im ersten Halbjahr 2011 um 67 Prozent zu. Wichtigster Exportmarkt für die Werkzeugmaschinenhersteller ist aber China. Im Juli dieses Jahres erreichten die deutschen Unternehmen eine Rekordauslastung von 95 Prozent. (13), (14)

Baumaschinen

Weniger gut läuft derzeit der Absatz von Baumaschinen. Zwar rechnet die Teilsparte mit einem Jahresplus von insgesamt zehn Prozent gegenüber 2010. Dennoch setzen die Unternehmen fast dreißig Prozent weniger um als im letzten Rekordjahr 2008. Die Nachfrage entwickelte sich nur im ersten Quartal dieses Jahres gut, seitdem müssen bei den Auftragseingängen Einbußen verzeichnet werden. Am stärksten gebeutelt sind die Hersteller von Hochbaumaschinen. Insbesondere die Geschäfte mit Betontechnik verliefen im Jahresverlauf schwach. Besser sieht es bei den Herstellern von Erdbewegungsmaschinen aus, die derzeit starke Impulse aus den Auslandsmärkten in Asien, Russland und Südamerika erhalten. Die stärksten Nachfragezuwächse melden die Hersteller von Straßenbaumaschinen, während sich die Zementindustrie sehr schwach präsentiert. Insgesamt hat die Branche keinen Grund zu gesteigerter Euphorie und hofft auf bessere Zeiten im nächsten Jahr. (10)

Eine Umsatzsteigerung von 32 Prozent auf rund fünf Milliarden Euro erwarten für 2011 allerdings die deutschen Hersteller von Bergbaumaschinen. Den

Umsatzrekord haben die Hersteller vor allem den Exporten zu verdanken, sie stiegen um 36 Prozent auf knapp 4,6 Milliarden Euro. Die Inlandsumsätze verzeichneten ebenfalls ein Plus von vier Prozent auf 480 Millionen Euro. Größter ausländischer Absatzmarkt für Bergbaumaschinen bleibt China, für dieses Jahr wird mit einer Umsatzsteigerung von 323 auf etwa 400 Millionen Euro gerechnet. (22)

Landmaschinen

Von Erfolg zu Erfolg eilen hingegen die Landmaschinenhersteller. Die Teilsparte wird 2011 den zweithöchsten Umsatz ihrer Geschichte erreichen. Gegenüber den Zahlen des vergangenen Jahres wäre dies ein Umsatzplus von 20 Prozent auf 6,6 Milliarden Euro. Alleine im ersten Halbjahr betrug das Plus bereits 34 Prozent. Besonders gefragt sind derzeit Traktoren. (16)

Druckmaschinen

Negativschlagzeilen macht aktuell der deutsche Druckmaschinenbau mit der anstehenden Insolvenz von Manroland, der Nummer drei der Branche. Während sich fast alle Zweige des deutschen Maschinenbaus seit der Krise wieder erholt haben, kommt der Druckmaschinenbau nur langsam aus dem Tal. Nachdem die Branche 2007 noch einen Produktionswert von 6,1 Milliarden Euro aufwies, sackte der Wert 2009 auf 3,1 Milliarden Euro ab und erholte sich auch 2010 nur schwach auf 3,4 Milliarden Euro. Im ersten Halbjahr 2011 gingen die Druckmaschinenhersteller noch von einer leichten Besserung aus, doch seit Juli sind die Aufträge wieder deutlich rückläufig, vor allem aus Amerika und Südeuropa. Hoffnung setzt man auf die Schwellenländer. Die Branche wurde bisher von den drei deutschen Herstellern Heidelberger Druck, Koenig & Bauer und Manroland dominiert. (24)

Solarenergie- und Windkraftunternehmen

Die Hersteller von Komponenten, Maschinen und Anlagen für die Photovoltaik in Deutschland haben ihren Umsatz im zweiten Quartal 2011 im Vergleich zum Vorjahreszeitraum um 28 Prozent erhöht. Dennoch steht für dieses Jahr ein widersprüchliches Ergebnis zu Buche, denn der Auftragseingang lag zeitweise um 56 Prozent unter dem Vorjahreswert. Allerdings sollen die deutschen Hersteller über ein ansehnliches Auftragspolster verfügen, dass zum größten Teil von Bestellungen aus Asien herrührt. Satte 70 Prozent ihrer Umsätze erwirtschaftet die deutsche Photovoltaikindustrie in Fernost, vor allem in China. Zweitstärkste Absatzregion mit gut 15 Prozent Marktanteil ist der heimische Markt. (18)

Die deutschen Windanlagenhersteller haben in der ersten Jahreshälfte 2011 die installierte Leistung um 20 Prozent auf 793 Megawatt gesteigert. Insgesamt wurden bis zur Mitte 2011 in Deutschland 21 917

Windenergieanlagen mit einer Leistung von 27 981 Megawatt neu in Betrieb genommen. Fünf dieser Anlagen sind sogenannte Offshore-Anlagen und befinden sich auf hoher See. Damit haben die Windanlagenhersteller die kräftigen Einbußen des vergangenen Jahres fast wieder ausgeglichen. Trotzdem hofft die stark subventionierte Branche, dass die Bundesregierung ihre Ausbauziele nach oben korrigiert. Begrüßt werden durch Branchenvertreter die neuen Bestimmungen der EEG-Novelle. Diese sorgten für eine Verstetigung des Ausbaus. (17)

Stahl- und metallverarbeitende Industrie

Die Stahlindustrie war durch die Krise 2008 so ins Schlingern geraten, dass mancher Experte bereits um den Stahl-Standort Deutschland fürchtete. Von den Kostenproblemen und Absatzsorgen der Jahre 2008/2009 ist nichts mehr übrig geblieben. Die Branche hat in den ersten sieben Monaten dieses Jahres 17 Prozent mehr Walzstahl hergestellt als im Vorjahreszeitraum und befindet sich damit in etwa wieder auf dem hohen Niveau von 2008. Auch für das nächste Jahr ist die Branche optimistisch. Der Weltstahlverband rechnet für 2012 mit einem Produktionsanstieg um 5,4 Prozent. Damit könnte die Weltrohstahlproduktion auf die Rekordhöhe von 1,6 Milliarden Tonnen klettern. (15)

Trends

Werkzeugmaschinenbauer setzen auf High-Tech

Die deutschen Werkzeugmaschinenhersteller wollen mit neuen Innovationen noch erfolgreicher werden. Die Stichworte heißen Lasereinsatz, Energieeffizienz, Design und Prozessüberwachung. Viele dieser Neuerungen galten noch vor wenigen Jahren als Zukunftsmusik, fließen aber heute schon in die Produktentwicklung ein. Präsentiert wurden die neuen High-Tech-Maschinen auf der Fachmesse EMO 2011. Zu sehen bekamen die Besucher hochpräzise Laser, rückspeisefähige Antriebe und adaptive Steuerungen der neuesten Generation. (19), (20)

Elektromobilität - Ein neues Geschäftsfeld für den Maschinen- und Anlagenbau

Chancen für vollkommen neue Geschäftsmodelle bietet der Zukunftsmarkt Elektromobilität. Automationslösungen des Maschinenbaus sind für die weitere Entwicklung dieses Marktes essentiell. Zukunftsweisende Lösungsansätze werden bereits im Bereich der Intralogistik eingesetzt, beispielsweise in Form von Batteriewechselanlagen oder im Bereich induktiver Stromübertragung, wie sie für mobile Maschinen bereits eingesetzt werden. Über das Forum E-MOTIVE wird derzeit im VDMA eine Kommunikations- und Netzwerkplattform zur Verfügung gestellt, die Synergien im Bereich Elektromobilität branchenübergreifend nutzbar machen soll. (23)

Zahlen & Fakten

Abbildung 1:

Abbildung 1: China ist wichtigster Exportmarkt

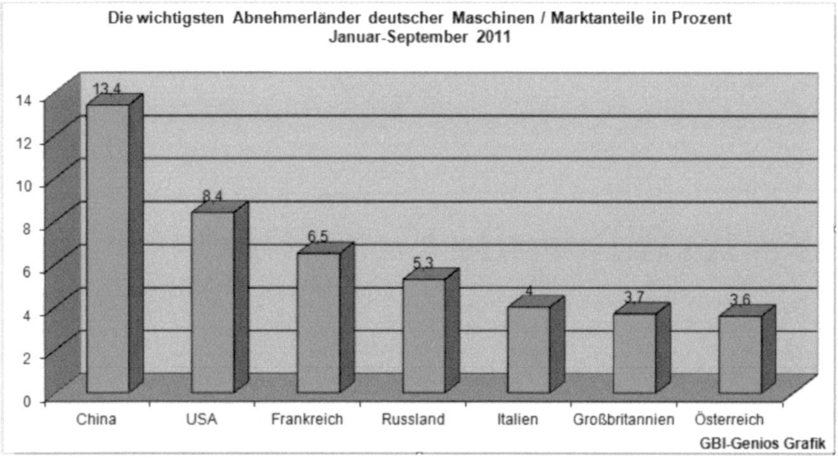

Quelle: Statistisches Bundesamt / VDMA /Entnommen aus: www.vdma.org(21)

Abbildung 2:

Gefragte Antriebstechnik

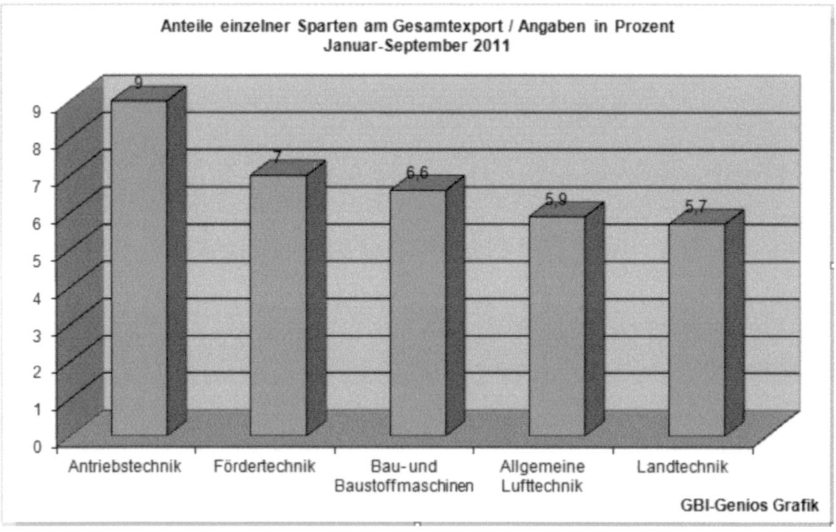

Quelle: Statistisches Bundesamt / VDMA
Entnommen aus: www.vdma.org, (21)

Weiterführende Literatur

(1) Werkzeugmaschinenbauer wollen ihre Erfolgsgeschichte in Hannover fortschreiben
aus VDI NR. 37 VOM 16.09.2011 SEITE 17

(2) Produktion im Maschinenbau wird 2012 weiter zulegen
aus VDI NR. 37 VOM 16.09.2011 SEITE 1

(3) Rettung auf hoher See
aus WirtschaftsWoche NR. 043 vom 24.10.2011 Seite 116

(4) Ausrüstungsinvestitionen wachsen 2011 nahezu zweistellig – Leasing hält Schritt
aus ifo Schnelldienst, Heft 19/2011, S. 23-26

(5) Deutsche Maschinen- und Anlagenbauer Auftragsbücher prall gefüllt
aus ifo Schnelldienst, Heft 19/2011, S. 23-26

(6) Deutscher Maschinenexport legt zweistellig zu
aus DVZ, Nr. 103 vom 27.08.2011

(7) VDMA China treibt Maschinenbau-Export voran
aus www.elektrotechnik.de vom 14.06.2011

(8) VDMA: 2012 geht Wachstum zurück
Maschinenbau legt 2011 um 14 Prozent zu
aus Markt & Technik, Heft 38/2011, S. 1

(9) Standortbestimmung Grossanlagenbau Starke Konkurrenz aus China und Südkorea
aus cav chemie-anlagen + verfahren, Heft 7, 2011, S. 6

(10) Mobilbagger werden kleiner, größer, vielseitiger und stärker Mobile Gesellschaft
aus bpz baupraxiszeitung, Heft 8, 2011, S. 10

(11) VDMA Erfolgsfaktoren in der(Antriebstechnik
aus MM Nr. 43 vom 24.10.2011

(12) VDMA Deutsche Fluidtechnikbranche produziert unter Hochdruck
aus MM Nr. 43 vom 24.10.2011

(13) Bohrer und Fräsen laufen auf Hochtouren
AKTIEN Die Herstellung von Werkzeugmaschinen ist eine zyklische Schlüsselindustrie. BÖRSE ONLINE vergleicht die beiden bedeutendsten deutschen Anbieter. Als Punktsieger gewinnt Hermle den Härtetest
aus Börse online vom 22.09.2011, Seite 46-47

(14) Globale Nachfrage stärkt Werkzeugmaschinenbau
aus VDI NR. 38 VOM 23.09.2011 SEITE 13

(15) Deutsche Stahlindustrie erwartet 2012 moderates Marktwachstum

aus VDI NR. 42 VOM 21.10.2011 SEITE 5

(16) Deutsche Landtechnik in aller Welt gefragt
aus agrarzeitung 38 vom 23.09.2011 Seite 007

(17) Windmarkt erholt sich
aus energate vom 27.07.2011

(18) Solarunternehmen schreiben rote Zahlen
aus energate vom 11.08.2011

(19) Markterfolg ist für Werkzeugmaschinenbauer derzeit vorprogrammiert
aus VDI NR. 43 VOM 28.10.2011 SEITE 14

(20) Deutscher Maschinenbau leistet der Energiewende Vorschub
aus VDI NR. 42 VOM 21.10.2011 SEITE 1

(21) VDMA: Maschinenexport wächst auch im dritten Quartal zweistellig
aus VDI NR. 42 VOM 21.10.2011 SEITE 1

(22) Hersteller von Bergbaumaschinen erwarten Umsatzrekord - Branche auch während der Krise ständig gewachsen
aus VDI NR. 42 VOM 21.10.2011 SEITE 1

(23) VDMA-DKE-Tagung - Lösungsansätze des Maschinenbaus für die elektromobile Infrastruktur
aus VDI NR. 42 VOM 21.10.2011 SEITE 1

(24) Manroland benötigt rasch einen Massekredit
aus Frankfurter Allgemeine Zeitung, 29.11.2011, Nr.

278, S. 12

Impressum

Branchenreport MASCHINEN- UND ANLAGENBAU Ausgabe 2/2011

Bibliografische Information der deutschen Nationalbibliothek

Die Deutsche Nationalbibliothek verzeichnet diese Publikation in der deutschen Nationalbibliografie; detaillierte bibliografische Daten sind im Internet über http://dnb.d-nb.de abrufbar.

ISBN: 978-3-7379-1900-5